SUMÁRIO

Salvo indicação em contrário, todas as cotações das Escrituras foram retirados da tradução Bíblica de João Ferreira de Almeida.

7 Leis Que Você Deve Honrar Para Adquirir Sucesso Incomum
ISBN 10; 1-56394-430-8/ISBN 13: 978-1563944307/PB-294
Direitos Autorais © 2010 por **MIKE MURDOCK**
Editora: Deborah Murdock Johnson
Publicado por: The Wisdom Center • 4051 Denton Hwy. • Ft. Worth, TX 76117
1-817-759-0300
Você Vai Amar O Nosso Site..! www.WisdomOnline.com

POR QUE EU ESCREVI ESTE LIVRO

As Conversas Agendam As Temporadas. Deus governa o mundo com a Sua *boca. Tudo* que Deus faz, Ele faz com as palavras. Ele ama tanto as *palavras* que chamou a si mesmo de a Palavra. "No princípio era o Verbo, e o Verbo estava com Deus, e o Verbo era Deus", (João 1:1). *As Palavras São As Sementes das Emoções. As Palavras São As Sementes das Mudanças.* Você pode criar qualquer mudança com a sua boca. Sendo que Deus governa o Seu mundo e o Seu universo com a Sua boca, você também pode dominar o seu mundo, com a *sua boca.* "Porque todos tropeçamos em muitas coisas. Se alguém não tropeça em palavra, o tal é perfeito, e poderoso para também refrear todo o corpo", (Tiago 3:2).

As Conversas Agendam As Temporadas.

Esta é uma das mais explosivas Chaves de Sabedoria que Deus tem colocado em meu coração: *As Temporadas São Decididas Pelas Pessoas Que Você Confia.*

Identifique a *Diferença* entre as Oportunidades, os Momentos, e especialmente, entre as Pessoas:

...O *Foco* que elas estão dispostas a *perseguir.*

...O *Inimigo* que elas estão dispostas a *enfrentar.*

...A *Fraqueza* que elas estão dispostas a *superar.*

...O *Mentor*...que elas estão dispostas a *confiar.*

Não posso alterar a sua vida até que eu mude a voz

que você *confia*. Você pode tomar um café da manhã, todas as manhãs, com um homem de Deus, e viajar com ele frequentemente, mas, isto não irá necessariamente mudar a sua vida. Demas viajava com Paulo, e ao mesmo tempo era atraído pelas coisas do mundo. (Leia 2 Timóteo 4:10.)

Ter um grande pai, que é articulador, perceptivo, fervente, e cheio de discernimento, não garante o seu sucesso. Salomão e Absalão tiveram o mesmo pai. Um deles era um idiota, o outro era o homem mais sábio que já viveu na terra. *Não posso mudar a sua vida até que eu mude a voz que você está Honrando.*

Ter um Mentor que conhece a sua fraqueza, e se dispõe a lhe ajudar, e a edificar o seu dom, não irá necessariamente mudar o seu mundo. João, o amado, e Judas Iscariotes, tinham o mesmo Mentor—Jesus. *Não posso mudar a sua vida até que eu mude o Mentor que você está confiando.*

Um pastor brasileiro perguntou-me há algumas semanas: "O que você faz quando Deus se cala?"

Eu disse: "Eu limpo os meus ouvidos". *Raramente* Deus fica em silêncio. Na minha opinião, Ele *nunca* para de falar.

Diga estas palavras em voz alta: "Precioso Espírito Santo, eu sou um discípulo fervoroso. Eu vou dominar a Arte da Aprendizagem. Estou atento. Eu vou ouvir a Sua Voz. Amém".

Quero compartilhar com vocês 7 Leis: *7 Leis Que Você Precisa Honrar Para Ter Um Sucesso Incomum.*

Há 7 Leis que você precisa aceitar e abraçar para experimentar um Sucesso Incomum.

Sucesso é a obtenção de alguma coisa útil.

Sucesso não é uma *Época.*

Sucesso não é um *Lugar.*

Sucesso é uma *Experiência.* Você pode ser bem Sucedido em todos os *Momentos,* todos os *dias,* e todas as *horas.* Você já recolheu milhares de Sucessos na sua vida. É importante que você saiba como o Sucesso pode se tornar *habitual, contínuo, e consecutivo.* O Senhor deseja que você tenha Sucesso.

Um exemplo de sucesso é o Dr. Morris Cerullo; ele é um Apóstolo Paulo da nossa geração. Com 78 anos de idade, ele ainda está indo a todo o mundo, em vez de ficar dormindo nas redes de Honolulu. Ele tem tido um Sucesso *implacável* e *constante.* Você pode ter o mesmo tipo de vida.

Eu acredito que através deste livro, Deus falará com você, não somente sobre a sua missão aqui na terra, como também nas Áreas Problemáticas de sua vida.

É por isso que eu escrevi este livro.

Mike Murdock

MINHA PERSUASÃO

Todo Problema É Sempre Um Problema de Sabedoria. Deus nunca responderá uma oração que já foi respondida. Os problemas devem ser confrontados, e esta é a razão pela qual nós ensinamos. Se Deus resolvesse todos os seus problemas, a tutoria seria desnecessária.

Ele é um *Professor.* Ele nos fez *Alunos.* Ele está à *procura* de Alunos. Uma vez, dentro de um avião, alguém me perguntou: "Você trabalha em que?"

Eu sorri: "Eu sou um Aprendiz".

Ele disse: "Quero dizer, qual é a sua profissão?"

Eu respondi: "Isso é o que eu faço. Eu sou um Aprendiz".

O gerente do banco me perguntou: "Qual é o seu passatempo Dr. Murdock?".

Eu disse: "Aprender! Isso é o que eu faço".

Por que eu fiz da aprendizagem o Foco da minha Vida? Porque eu descobri tanta tolice em mim, que me deixou ansioso para vencer!

O *único* problema em sua vida é a *ignorância.*

A Sua Ignorância É A Única Arma Que Satanás Possui. A única arma que o seu inimigo tem, é a sua imbecilidade.

"Meu povo é destruído por falta de conhecimento", (Oséias 4:6). A *ignorância* está lhe destruindo, e não um demônio, ou o diabo. Nunca tenha medo de demônios. Tenha medo de ser tolo. *'Idiotice'* é diferente de

ignorância.
Ignorância é simplesmente não saber.
Idiotice é *não querer* saber.
Você tem desejo de *saber?*
Você tem vontade de *aprender?*
Imagine pergaminhos de 1.000 milhas de comprimento, sendo pendurados a partir do piso do Céu em direção à terra, e em cada deslocamento, uma coleção de Sabedoria por tópico, e em cada deslocamento, uma lei diferente com todos os conhecimentos relativos a ela.

A Lei da Reprodução

Há um pergaminho sobre a Lei da Reprodução. Tudo que Deus quer que você saiba sobre a Lei da Reprodução está escrito naquele pergaminho.
Você Só Reproduz O Que Você É.
Se você é um irlandês, você reproduzirá irlandeses. Se você é um alemão, você reproduzirá alemães. Se você é um tomate, você reproduzirá tomates.

A Lei da Derrota

O Que Não For Protegido, Será Roubado.
A batalha é a Semente do controle territorial. Tudo que Deus lhe enviar, exigirá uma batalha de sua parte para A Lei da Derrota—tudo que estiver desprotegido poderá ser tomado, porque você vive em um ambiente contraditório, e com um ladrão experto. Satanás não é um ladrãozinho de banco. Ele é o *mestre dos ladrões.*
A Perda É A Semente da Restauração.
Uma Semente para um retorno de sete vezes mais, está em algo que satanás roubou de você.

A Lei da Mudança

Imagine um rolo de mil quilômetros de comprimento documentando todos os fatos sobre o tema de mudança. *As Mudanças São Sempre Proporcionais Ao Conhecimento.* A Dor *nunca* produz mudança. A Dor produz o *desejo* da mudança. *O Conhecimento É A Semente da Mudança.* A finalidade do conhecimento é criar mudanças. O tempo não cria mudanças. O tempo não *produz* mudanças. O Conhecimento *produz* mudanças. O tempo não ensina. Existem pecadores de 90 anos de idade e cristãos de apenas 15 anos de idade. Cabelos grisalhos não o tornam sábio. Uma cabeça careca também não lhe faz inteligente!

O tempo não muda a sua condição financeira. Há milionários de 25 anos de idade, e pobretões de 80 anos de idade.

As Leis são Mais importantes do que um Milagres, Destino, ou Sorte. Neste livro, compartilharei com vocês 7 Leis que trarão Sucesso Incomum.

As Duas Partes do Evangelho

O Evangelho tem duas partes.
A Pessoa de Jesus e Seus Princípios.
Uma delas é a vida de Deus *dentro* de você.
A outra é a Lei de Deus em *torno* de você.
Uma parte é o *Rei*, a outra é o *Reino*.
A *Pessoa* de Jesus cria a sua *Paz*. Seus *Princípios* criam a sua *Prosperidade*.
Não existe nenhuma relação entre o amor de Deus

e o seu dinheiro. Deus ama muitas pessoas que não têm dinheiro. No entanto, muitas pessoas que amam a Deus, permanecem incapazes de pagar as suas contas. *Quem está decidindo a sua Riqueza?* Deus não decide quem tem dinheiro. Se Deus fizesse isso, você teria que explicar por que a máfia tem dinheiro e os missionários não têm.

A Pessoa de Jesus Lhe Prepara Para A Eternidade; Os Princípios de Jesus Lhe Preparam Para A Terra. Se você não entender esta verdade, você ficará perplexo, e possivelmente amargurado pela distribuição das riquezas na terra.

As Leis de Deus decidem os eventos na Terra. Por exemplo, você ouvirá muitas pessoas perguntarem: "Por que o furacão passou por lá? Por que a tempestade atingiu aquela cidade?" A Bíblia afirma claramente que os ventos obedecem a Deus. (Leia Mateus 8:27.)

Ah, a praga de ser tolo! O meu maior medo do inferno não é o *fogo,* mas é a presença dos *tolos* todos juntos em um mesmo lugar por toda a eternidade. O sofrimento do inferno é a presença dos *tolos,* e não necessariamente o fogo. Pense em como você reage agora para com um bobo, depois imagine todos os estúpidos da terra em torno de você...para *sempre!*

Os Ventos e o Mar lhe obedecem. A crosta no fundo do oceano gera o Tsunami. A Bíblia diz: "...a maldição sem motivo não tem efeito", (Provérbios 26:2). Há sempre uma causa. *Sempre.*

"Sabedoria é a coisa principal", (Provérbios 4:7). Você pode ter pensado que a fé, ou a misericórdia é a coisa principal. Mas, Salomão escreveu: "Sabedoria é a coisa principal".

O que é Sabedoria? *Sabedoria É A Habilidade de Reconhecer Diferenças.* José teve sabedoria quando percebeu a diferença no semblante do mordomo e do padeiro. (Leia Gênesis 40:1-14.) José viu a angústia deles e perguntou-lhes: "Que posso fazer por vocês?" *Cada Problema É Um Convite Para Um Relacionamento.* A *Sabedoria é a capacidade de discernir as Diferenças nos Momentos.* Lembre-se do Milagre do Novo Testamento quando o homem cego gritou, "Jesus, Filho de Davi, tem misericórdia de mim", (Leia Lucas 18:37-38). Ele discerniu que a presença de Jesus cria a *diferença* nos Momentos. A *Sabedoria é a capacidade de discernir as Diferenças nas Oportunidades.* A mulher que estava doente por 12 anos disse: "Se eu tão-somente tocar a sua roupa, ficarei sã", (Leia Mateus 9:20-22). Jesus não tinha planos para ela naquele dia, mas *ela tinha um plano.*

Há muitas pessoas que passam a vida dizendo: "O que será que Deus quer?".

No entanto, Deus está dizendo: "O que é que *você* quer?".

Jesus olhou para o cego: "Que quer que eu faça?". O homem cego teve que declarar a sua necessidade.

Pedir É A Semente de Receber.

Pedir É A Prova da Humildade.

Pedir É A Única Prova da Fé Verdadeira.

Quando Jesus estava pendurado entre dois ladrões, só um discerniu Sua Diferença.

O filho pródigo não discerniu a diferença no ambiente que seu pai havia criado.

Nunca esqueça: "A sabedoria é a coisa principal; adquire pois a sabedoria, emprega tudo o que possuis na aquisição de entendimento", (Provérbios 4:7).

Existem Duas Maneiras de Se Obter Sabedoria: Erros E Mentores. A maneira mais fácil de se obter Sabedoria é *comprá-la.* Um bilionário tinha um pacote informativo que custava 1.000 dólares. Havia um livrinho preto incluído no pacote. Aquele livrinho preto não poderia ser comprado em nenhum lugar do mundo. Continha muito conhecimento.

Pensei: "Em duas horas eu posso ler esse livro e saber o que um homem que vale um bilhão de dólares sabe". Por apenas 1.000 dólares, eu descobri em duas horas o que o levou 70 anos para descobrir.

Compre A Sabedoria.

Lembre-se Destas Chaves de Sabedoria

- ▶ *As Conversas Agendam As Fases da Vida.*
- ▶ *As Palavras São As Sementes das Emoções.*
- ▶ *As Palavras São As Sementes das Mudanças.*
- ▶ *A Ignorância É A Única Arma Que Satanás Possui.*
- ▶ *Você Reproduz Quem Você É.*
- ▶ *O Que Não For Protegido Será Roubado.*
- ▶ *A Perda É A Semente da Restauração.*
- ▶ *A Mudança É Sempre Proporcional Ao Conhecimento.*
- ▶ *O Conhecimento É A Semente da Mudança.*
- ▶ *Sabedoria É A Habilidade de Reconhecer A Diferença.*
- ▶ *Cada Problema É Um Convite Para Um Relacionamento.*
- ▶ *Pedir É A Semente de Receber.*
- ▶ *Pedir Prova Humildade.*
- ▶ *Pedir É A Única Prova de Uma Fé Verdadeira.*
- ▶ *Há Duas Maneiras de Se Obter Sabedoria: Erros E Mentores.*

∞ 1 ∞

A Lei da Diferença

A Sua Diferença Decide A Sua Importância.
Sendo que a Lei da Diferença é a mais importante,
ela deve ser honrada. Quais são os atributos que Deus
colocou em você, e que você não vê em mais ninguém?
Essa Diferença é fundamental. *Algo Que Está Dentro
de Você Não Pode Ser Encontrado Em Ninguém Mais.
A Sua Semelhança Cria O Seu Conforto.
A Sua Diferença Cria A Sua Recompensa.*
O que você gosta de *fazer?* O que você gosta de
pensar, conhecer, e *aprender?* Isso é uma pista da sua
Missão na terra.
   Eu gosto muito dos momentos que eu passo com o
Dr. Morris Cerullo e sua esposa, Teresa. Eles são os
mesmos na privacidade do seu lar, ou em um
restaurante; sempre amorosos. Depois de 57 anos de
casamento, ele ainda aperta a sua mão com carinho, e
ela responde com carinho! Que mulher maravilhosa!
Ele *viu* a Diferença dela, e por isso a escolheu para ser
sua esposa.
   *Se você não sabe qual é a sua Diferença, você nunca
discernirá o que os outros precisam e só você pode dar.*
Você se torna um refém tentando ser o que alguém quer
que você seja, em vez de ser *quem* você realmente é.
Imagine a eterna tarefa de ensinar um gato a latir! Mil
anos mais tarde, nenhum progresso será alcançado.
   Analise a si mesmo. Encontre a sua Diferença.

A Maior Mente do universo lhe concebeu. Você é o produto de bilhões de anos de planejamento! *Deus colocou uma parte Dele em você que ninguém mais possui.* Por isto, o Senhor continua lhe protegendo e preservando.

Um milhão de demônios já tentaram lhe matar, e falharam totalmente, devido ao compromisso deste Deus Eterno em acompanhá-lo até o cumprimento de sua Missão aqui na terra. Satanás tem enviado assassino após assassino, e estratégia após estratégia, mas você *ainda* está vivo, focado, e cheio do Espírito Santo. Satanás fracassou em cada tentativa de lhe destruir. O desânimo que ele sente, é 1.000 vezes maior do que você jamais sentiu.

O inferno teme a sua Diferença, e está ciente dela.

Não viva o resto da sua vida sem discernir o Investimento de Deus em você. Algo mantém Deus intrigado com você. Anjos discutem sobre você toda hora.

Você É O Portador da Presença de Deus. Você é o portador de Sua singularidade.

Ninguém entende você. Por que você se preocupa com isso? *Como eles poderiam entender? Nunca* houve ninguém na terra assim como você!

O que você *ama?*

O que você *odeia?*

O que lhe deixa *zangado?*

O que faz você *chorar?*

Existe algum assunto mais importante no Mundo, do que você? *Estude você mesmo.*

A Lei da Diferença.

O que Deus gosta em você? Tudo foi criado para o prazer de Deus. Você está fazendo Deus se sentir bem.

Chaves de Sabedoria Para Serem Lembradas

▶ *A Sua Diferença Decide A Sua Importância.*

▶ *Algo Dentro de Você Não É Encontrado Em Ninguém Mais.*

▶ *A Sua Semelhança Cria O Seu Conforto.*

▶ *A Sua Diferença Cria A Sua Recompensa.*

O Seu Autorretrato
Determina
A Sua Auto Conduta.

-MIKE MURDOCK

～ 2 ～

A LEI DA MENTE

Toda Batalha É Uma Batalha Mental. Se você vencer na sua Mente, você vai vencer na sua vida. Se você perder em sua mente, você vai perder na sua vida. Quer seja um levantador de pesos nos Jogos Olímpicos, ou um perito de karatê, *tudo está na sua Mente.* Quando você puder gerenciar a sua Mente, você poderá gerenciar a sua vida. Todas as batalhas estão na sua Mente. Você ganha ou perde na Mente. "De sorte que haja em vós o mesmo sentimento que houve também em Cristo Jesus", (Filipenses 2:5). É por isso que nós temos que renovar e purificar a nosa Mente.

3 Coisas Que A Sua Mente Precisa

1. A Sua Mente Precisa de Um Foco.
Você precisa se concentrar em algo que está no seu Futuro.

Sua Mente tem duas partes: a sua Memória e a sua Imaginação.

A Memória Repete O Passado.

A Imaginação Vê O Futuro. Deus lhe dá fotos do Amanhã, para que você não regresse e se deteriore no passado. Deus disse que Ele faria uma coisa *nova*. (Leia Isaías 43:19.) Sempre se lembre de que a sua Mente precisa de um foco.

Eu amo o que é Novo. *Novo...!* Sim, fazer compras me energiza e emociona! Eu vi um livro que estava escrito: *Homem Que É Homem, Odeia Fazer Compras.* Foi aí que eu descobri que uma parte de mim deveria ser mulher...porque eu realmente *gosto* de fazer compras! *Eu gosto de tudo novo.* Novas *camisas,* novas *gravatas,* e novos *carros.* Eu não gosto de nada *remodelado,* ou *quase* novo.

Deus me deu um *coração* novo...uma nova *vida.* As coisas velhas já *passaram.* Isso significa que houve um funeral para tudo que foi *usado.* Ele disse, "Eu vou fazer uma coisa *nova".*

Deus é um Criador.

Você precisará de uma foto nova do seu Futuro.

É por isso que quando Deus fala com você, Ele coloca uma Foto do Futuro em sua Mente. "Abraão, olhe para as estrelas. Assim serão os seus filhos em número. Olhe a areia do mar, pois assim serão os seus descendentes". (Leia Gênesis 15:5; 22:17.)

A imagem que está em sua Mente controla o seu comportamento. *Você Sempre Age Como A Pessoa Que Você Pensa Que É.*

A primeira coisa que Deus faz antes de lhe abençoar, é revelar a imagem que Ele tem de você.

O filho menor, da família mais simples de uma das tribos de Israel se escondeu no canto de uma eira, mas Deus disse a ele: "Gideão, ó poderoso homem de valor".

Gideão replicou: "Eu?".

"Sim, Você!". (Leia Juízes 6:11-16.)

Jeremias disse: "Eu sou uma criança".

Deus disse: "Cale-se. Você é um profeta". (Leia Jeremias 1:8-12.)

Você deve agir como a pessoa que Deus disse que você é.

A imagem errada que você tem de Deus, não trará grandes mudanças em sua vida. É vital que você se imagine como *Ele lhe vê*.

Estudiosos chamam isso de: *Autorretrato. Seu Autorretrato Determina A Sua Auto Conduta*.

2. Sua Mente Precisa de Uma Instrução.

Diga a sua Mente para controlar o seu pensamento. Sua Mente não filtra as informações que recebe. Sua Mente é literalmente um Ímã Emocional buscando informações para verificar a sua opinião, ou, para fugir à dor presente.

Por que você continua lendo a parte de trás da mesma caixa de cereais? Sua Mente está à *procura* desesperada de informações *novas*.

Você é capaz de se sentar com pessoas que você não gosta, só para ouvir algo que você precisa. *Algo Que Você Precisa Pode Estar Oculto Em Alguém Desagradável*.

Sua Mente busca por Conhecimento.

Sua Menta precisa de instruções. *"Diga-me 7 maneiras de ser bem sucedido neste ano. Diga-me 7 razões pelas quais as minhas finanças duplicarão em 12 meses"*. A Sua Mente vai procurar esses dados.

3. Sua Mente Precisa de Um Herói.

Você precisa de um Campeão que lhe empolgue.

Você precisa de um Exemplo. Abraão foi o Exemplo de Isaque e Jacó. Elias desatou a paixão de Eliseu. Rute amava a presença de Noemi. Dois são melhores do que um. Esta equação é Divina e imutável.

Num jantar, Peter J. Daniels, o famoso bilionário da Austrália, explicou o grande segredo do seu sucesso incomum. "Depois de minha conversão a Cristo, eu li 7.000 biografias. Eu posso citar quase todos os discursos de Winston Churchill, palavra por palavra".

Seu Herói decide a sua energia, resistência e

experiências. Encontre um; alguém que teve sucesso na área que você deseja ser bem-sucedido, qualquer pessoa que tenha conquistado algo que você também deseja conquistar. *Sua Mente É O Seu Jardim,* e é onde crescem os frutos que lhe sustentam. Você é o jardineiro. Você deve matar as cobras e arrancar as plantas daninhas. Você escolhe as flores que sustentam a fragrância. Proteja o seu jardim *incansavelmente, ferozmente e vitoriosamente.*

Chaves de Sabedoria Para Serem Lembradas

▶ *A Batalha da Vida É Uma Batalha Mental.*
▶ *A Sua Memória Repete O Passado; A Sua Imaginação Projeta O Seu Futuro.*
▶ *Você Sempre Age Como A Pessoa Que Você Pensa Que É.*
▶ *A Sua Auto-Imagem Determina A Sua Auto Conduta.*
▶ *Algo Que Você Precisa Pode Estar Oculto Em Alguém Que Você Não Gosta.*

⟫ 3 ⟪

A LEI DO RECONHECIMENTO

Tudo O Que Você Não Reconhecer Sairá da Sua Vida. Esta Lei é tão poderosa, que eu escrevi mais de 200 páginas no meu livro: *A Lei do Reconhecimento.* Visite meu site em www.WisdomOnline.com, e você encontrará isso em minha coleção. É revolucionário.

Reconhecimento de um Mentor. Os Fariseus não reconheceram que Jesus era o Cristo, mas Zaqueu reconheceu. Eliseu reconheceu a Diferença de Elias.

Reconhecimento de um aprendiz apaixonado. Um discípulo é muito diferente de um parasita. Um parasita quer o seu *patrocínio* e o seu dinheiro. Um aprendiz quer a sua *direção, ensino,* e *treinamento. Parasitas Querem O Que Você Tem Em Sua Mão. Discípulos Querem O Que Você Tem Em Seu Coração.*

Eliseu era o aprendiz incomum de Elias. (Leia 2 Reis 2.) Rute era a aprendiz incomum de Noemi. (Leia Rute 1:16.) Ambos *reconheceram* a Diferença dos seus Mentores.

Durante os anos de 1860, um casal vendeu sua fazenda, com a ideia de viajar por todo o mundo à procura de ouro. Quando eles chegaram na Inglaterra estavam *falidos.*

Anos depois, eles decidiram visitar a antiga fazendinha onde moravam nos Estados Unidos. Eles encontraram uma cerca de arame farpado em torno da fazenda, com guardas armados na propriedade.

A segunda maior mina de ouro no continente Norte-Americano, "Sutter's Mill", tinha sido descoberta *sob a sua antiga fazendinha.*

Consegue imaginar o horror deles? Eles tinham vendido sua fazenda para procurar ouro, mas o ouro estava o tempo todo sob a sua casa.

Uma interessante história foi publicada em um jornal importante. Um homem notou uma moldura que custava 2,39 dólares em uma feira de coisas velhas. Ele adorou a moldura, mas não gostou da foto. Quando ele chegou em sua casa, tirou a foto para substituí-la, notando que havia uma outra imagem por trás da foto feia. Ele pensou: "Isso é diferente. Isto parece o trabalho de um profissional". Ele telefonou para o museu, e levou a foto para ser examinada. Depois de uma pesquisa geral, descobriram que aquela foto era arte de um famoso pintor. Ele vendeu aquela foto por 11 milhões de dólares; *uma moldura que só lhe havia custado 2,39 dólares.*

Algo Que Você Não Está Vendo Lhe Custará Caro.

Humildade não é um traço de personalidade.

Humildade não é intimidação.

Humildade É O Reconhecimento do Que Você Não Tem.

A humildade provoca a pesquisa.

Aqueles que nunca fazem perguntas, nunca investigam ou leem, são muitas vezes arrogantes. *A Prova da Humildade É A Vontade de Fazer Perguntas.*

Chaves de Sabedoria Para Serem Lembradas

▶ *Parasitas Querem O Que Você Tem Em Sua Mão. Discípulos Querem O Que Está No Seu Coração.*

▶ *Algo Que Você Não Está Vendo, Lhe Custará Caro.*

▶ *Humildade É O Reconhecimento do Que Você Não Tem.*

▶ *A Prova da Humildade É A Vontade de Fazer Perguntas.*

❦ 4 ❧

A LEI DO DOIS

Satanás Não Apareceu Até Que Eva Apareceu.
Um Não pode multiplicar. Adão não poderia
multiplicar até que Eva entrou na sua vida.
Demônios não se multiplicam, e não possuem uma
linhagem. Demônios *não são onipresentes.* Alguns dias
você não sente nenhuma atividade demoníaca, e outros
dias você sente a presença de muitos demônios.
Demônios são atribuídos *geograficamente.* Os
bancos posicionam seus guardas de segurança onde o
tesouro está localizado.

Lembra-se da incrível história de Daniel e os
leões? Ele teve outra notável experiência quando orou
por 21 dias. Ao fim dos 21 dias, um anjo apareceu com
a resposta e disse: "No dia em que você orou, Deus me
enviou. Deixei a Sua presença e vim há 21 dias, quando
fui detido pelo inimigo. Eu tive que chamar Miguel, um
dos arcanjos da outra província, para me ajudar".

O anjo respondeu: "Não temas, Daniel, porque
desde o primeiro dia em que aplicaste o teu coração a
compreender e a humilhar-te perante o teu Deus, são
ouvidas as tuas palavras; e eu vim por causa das tuas
palavras. Mas o príncipe do reino da Pérsia me resistiu
vinte e um dias, e eis que Miguel, um dos primeiros
príncipes, veio para ajudar-me, e eu fiquei ali com os
reis da Pérsia Agora vim, para fazer-te entender o que
há de acontecer ao teu povo nos derradeiros dias;

porque a visão é ainda para muitos dias", (Daniel 10:12-14).

Anime-se! Quando você sentir a presença demoníaca, isto significa que Satanás descobriu os pacotes que saíram dos armazéns dos Céus, e estão a caminho.

Seu pacote chegará em breve.

Atividade demoníaca é o indício de que respostas significativas estão a ponto de explodir em sua vida.

Esteja atento à Lei do Dois.

Jesus os enviou de dois em dois. "Melhor é serem dois do que um...e o cordão de três dobras não se quebra tão depressa", (Eclesiastes 4:9, 12).

Quando Deus quiser abençoar o seu Futuro, ele enviará um Intercessor, Ele apontará um Mentor, um *Elias.*

Porque é que A Lei do Dois é importante?

Eu li uma vez uma incrível estatística. Você está há apenas 4 pessoas de qualquer homem sobre a face da terra. Por exemplo: Um dos homens dos Serviço Secreto, que corria todas as manhãs com o ex-presidente Bush, é um dos parceiros do nosso ministério. Ele conhece o Presidente Bush. O Presidente Bush conhece uma outra pessoa.

Você Está há 4 pessoas de qualquer pessoa sobre a terra. Em 24 horas, Deus pode lhe levar a qualquer lugar onde Ele quer que você esteja. Deus não consulta um calendário para acessar o seu Futuro.

Ele Usa A Lei do Dois.

Quando Deus Quer Lhe Abençoar, Ele Traz Uma Pessoa Em Sua Vida. Rute e Boaz foram unidos por *uma conversa* com Noemi. A distância entre Davi e o trono era *um inimigo.* A distância entre você, e o trono no palácio é *um gigante*.

A Lei do Dois é a lei do Acordo. "Também vos digo que, se dois de vós concordarem na terra acerca de qualquer coisa que pedirem, isso lhes será feito por meu Pai, que está nos céus", (Mateus 18:19).

Chave de Sabedoria Para Serem Lembradas

▶ *Quando Deus Quer Lhe Abençoar, Ele Traz Uma Pessoa Em Sua Vida.*

Vá Aonde Você É
Celebrado,
E Não Vá Aonde
Você É Tolerado.

-MIKE MURDOCK

⟨⟨ 5 ⟩⟩

A Lei do Local

Lugares São Importantes.
Deus fez os lugares antes de fazer as pessoas.
Quando você recebe uma instrução Divina, muitas
vezes você é enviado para um *Lugar* específico.
Foi o que aconteceu na vida de Elias. "Levanta-te,
e vai para Sarepta", (1 Reis 17:9).
*Foi o que aconteceu na vida de Jesus e os
Discípulos.* "E ele vos mostrará um grande cenáculo
mobilado e preparado; preparai-a", (Marcos 14:15).
Foi o que o Espírito Santo fez no início da Igreja.
"E, estando com eles, determinou-lhes que não se
ausentassem de Jerusalém, mas que esperassem a
promessa do Pai, que de Mim ouvistes", (Atos 1:4).
Foi o segredo da cura de um General Sírio. "Então
Eliseu lhe mandou um mensageiro, dizendo: Vai, e lava-
te sete vezes no Jordão, e a tua carne será curada e
ficarás purificado", (2 Reis 5:10).
Estava no comando de Jesus ao homem cego. "E
disse-lhe: Vai, lava-te no tanque de Siloé (que significa
o Enviado). Foi, pois, e lavou-se, e voltou vendo", (João
9:7).
Lugares são muito importantes.
Sua Provisão está em um Lugar. Dinheiro não o
segue. O Dinheiro está à sua espera no Local de
Obediência.

Jesus perguntou: "Filhos, vocês têm algo de comer?". Os discípulos responderam: "Nós trabalhamos toda a noite e não pescamos nada". Ele disse: "Jogue as redes no outro lado". (Leia João 21:3-6.)

Uma das minhas 3 primeiras perguntas a alguém com um problema financeiro, é a seguinte: Você está produzindo o melhor que pode no seu Local de Trabalho?

Sua Bênção está esperando por você em um Lugar. Deus usa o aumento financeiro para *incentivar* a nossa Obediência. Em todo lugar que Deus fala sobre o dinheiro, Ele fala também sobre a Obediência. Toda vez que Deus fala sobre a Obediência, Ele fala sobre um Lugar.

Deus instruiu Abraão: "Deixe a sua família". Deus tinha organizado o Futuro dele longe da sua Área Confortável. (Leia Gênesis 12.)

A Lei do Lugar.

Tudo Que Você Deseja Está Em Algum Lugar.

Um Lugar.

Eu nunca poderia fazer o que o Dr. Morris Cerullo, o famoso evangelista, faz. Eu sinto um terror divino quando estou em sua presença. Ele é muito atento às instruções Divinas. Lembro-me da manhã quando nos encontramos na recepção de um hotel, e ele compartilhava: "Deus me disse para vestir o casaco grande".

Deus estava falando com ele sobre a sua Missão na terra. Não sei de ninguém que tenha treinado tantos pregadores e professores como o Dr. Cerullo. Deus o enviou a muitos *lugares*. Ele sabe muito bem a importância da Lei dos Lugares. Até mesmo Jesus reconheceu que Ele não era bem-vindo em determinados locais. Ele deixou Nazaré e foi para Cafarnaum. Jesus preparou os Seus discípulos para isso. *Vá Aonde Você É Celebrado, E Não Aonde Você Não É Tolerado.* Você pertence em *algum lugar.* Você não pertence em todos os lugares.

Jesus não disse: "Se eles rejeitarem você, vá para a Livraria de Jerusalém e compre o livro de Dale Carnegie, *Como Fazer Amigos E Infuenciar As Pessoas,* ou comprar um livro de John Maxwell, *Como ser um Líder".*

"E, em qualquer cidade ou aldeia em que entrardes, procurai saber quem nela seja digno, e hospedai-vos aí, até que vos retireis E, quando entrardes nalguma casa, saudai-a; E, se a casa for digna, desça sobre ela a vossa paz; mas, se não for digna, torne para vós a vossa paz E, se ninguém vos receber, nem escutar as vossas palavras, saindo daquela casa ou cidade, sacudi o pó dos vossos pés", (Mateus 10:11-14).

A Lei do Lugar.

Você será bem-sucedido *em um lugar específico.* Você não será bem-sucedida em todos os lugares.

Você já encontrou o seu Lugar? Em algum lugar, há um Território com o seu nome. *Um lugar.* Cada Território é uma recompensa da Semente da Batalha. *A Batalha É A Semente da Ordem E da Possesão Territorial.*

Uma Batalha É Uma Nomeação

O Tempo de Guerra Revela A Aproximação de Um

Evento Importante. Quando Deus decidir lhe dar um Território aqui na terra, uma guerra incomum cercará a sua vida.

Os Gigantes Não São Sinais da Sua Saída do Egito; Os Gigantes São Sinais da Sua Chegada Em Canaã. Os Israelitas não enfrentaram os gigantes quando saíram do Egito. A batalha foi sobre as uvas de Canaã. Quando você vê gigantes em sua vida, declare: "Meu Território é aqui. Deus me deu esse Lugar".

A Lei do Lugar. Elias não usou um *paninho de oração* pela falta do corvo. Ele não *ungiu* o riacho seco. Ele não *falou* com a água: "Água jorre"! Ele não *viu* seu problema como algo que devia suportar, mudar, ou lutar.

A época daquele Lugar havia terminado. "Levanta-te, e vai para Sarepta", (1 Reis 17:9).

A Lei do Lugar. Não permaneça onde Deus não lhe chamou.

...Sua *fraqueza* irá *florescer.*

...Sua *força* vai *acabar.*

...Você nunca será homenageado pela sua Diferença *enquanto você estiver no lugar errado.*

O Que O Meu Peixe Me Ensinou

Alguns peixes foram trazidos para a lagoa da minha propriedade. Antes de colocá-los na água, eu fiquei olhando os peixes enquanto estavam na grama. Pensei: "Eles não podem falar, eles não podem andar, eles não podem voar...estes peixes são tolos. Talvez devêssemos parar de comer peixe".

Então eu peguei os peixes um por um e os coloquei dentro da água, e eles começaram a se movimentar com tanta velocidade naquele ambiente que era perfeito para a Grandeza que estava escondida dentro deles. *A genialidade deles foi imediatamente aparente.* O Espírito Santo então me disse: "Se você for aonde Eu lhe enviar, você não terá nenhum concorrente lá... *nenhum rival.* Você é um Gênio No Lugar...*aonde Deus lhe designou".*

Sua Missão É Sempre O Problema Que Deus O Designou A Resolver Para Outros.

Você não foi Designado a estar em todos os lugares...*mas em um lugar.*

Chaves de Sabedoria Para Serem Lembradas

▶ *Tudo Que Você Deseja Está Em Algum Lugar.*

▶ *Vá Aonde Você É Celebrado, E Não Aonde Você Não É Celebrado.*

▶ *A Batalha É A Semente da Possesão E da Ordem Territorial.*

▶ *O Tempo da Guerra Revela A Aproximação de Um Evento Importante.*

▶ *Os Gigantes Não São Sinais da Sua Saída do Egito; Os Gigantes São Sinais da Sua Chegada Em Canaã.*

▶ *Sua Missão É Sempre O Problema Que Deus O Designou A Resolver Para Outros.*

A Honra Amplia A Diferença, E Não A Fraqueza do Outros.

-MIKE MURDOCK

⚘ 6 ⚘

A LEI DA HONRA

Todo Pecado Na Terra É Um Pecado de Desonra.
Considere os Dez Mandamentos. Os 4 primeiros
lidam com honrar a *Deus*; os últimos 6 lidam com
honrar as *pessoas.* Honra é diferente de Sabedoria.
Sabedoria é o *reconhecimento* da Diferença; certo
ou errado, bem ou mal, Deus ou satanás.
*Honrar É Querer Recompensar Alguém Pela Sua
Diferença.*
A Lei da Honra é a mais importante Lei sobre a
terra. Honra não é uma Unção, um Milagre, ou uma
resposta de oração. Honra é a escolha pessoal de
comemorar a Diferença do outro.

Honra É A Semente Que Lhe Qualifica

Honra é a Semente do Acesso em qualquer
ambiente da terra. Honra decide quem gosta, aceita, e
recompensa você. *Honra Cresce Em Qualquer Ambiente,
E Em Qualquer Época de Sua Vida.*
*Honra É A Vontade de Ampliar As Diferenças Em
Vez das Fraquezas do Outro.*
Nascemos com imperfeições. Nossos pontos fracos
são inegáveis, e muitas vezes disfarçam a nossa
Grandeza. Toda família tem uma disfunção em sua
história. Você tem um *passado* manchado? Você se sente
roubado de Excelência, Educação, ou Exemplo? A sua
decisão em abraçar a Lei da Honra pode compensar a
sua falta de inteligência, ou defeito genético.

Estude A Lei da Honra em seu meio.

Plante Honra como uma Semente de Respeito, e Reconhecimento.

A honra compensará e silenciará todas as dúvidas sobre as outras fraquezas de sua vida. A honra o levará mais longe do que o seu gênio e todas as suas experiências.

Jesus julgou as pessoas pela vontade deles em mostrar Honra. Maria demonstrou Honra quando lavou os pés de Jesus. (Leia Mateus 26:7-13.)

A Honra Tem Uma Fragrância

A Fragrância da Honra É Tão Distinta Quanto O Mau Cheiro da Deshonra. Você não pode disfarçar o *mau cheiro* de um gambá, e também não pode esconder a *fragrância* da Honra. Os semblantes e as conversas revelam quem você Honra. Você pode falar com alguém por 5 minutos e saber a compreensão delas sobre a Honra.

A Honra tem um Som...um Som *distinto.*

A Desonra também.

Ouça o som da Honra nas conversas familiares, nos programas de TV e nos noticiários. Até os currículos podem ser enganosos. Você pode ter passado sua vida inteira construindo relacionamentos baseados nos *currículos* das pessoas. A paixão pode ser enganadora. Você conhece alguém com um currículo maior do que o de Lúcifer? Ele trabalhou durante *anos* ao lado de Deus!

Nunca avalie as pessoas pelas *experiência* delas.

Nunca avalie as pessoas pela *paixão* delas.

O Código da Honra

Avalie as pessoas pelo seu Código de Honra. Quem eles escolheram Honrar através de palavras, tempo, ou amizade? Quem eles escolheram desonrar, ignorar, ou banalizar? Qual é a voz que eles escolheram confiar? Qual é o caráter das pessoas que eles admiram? Diligência no local de trabalho é prova de Honra. *Diligência É Uma Atenção Imediata A Uma Instrução.* *Obediência Atrasada É Prova de Desonra.* *Quando as pessoas lhe mostram quem elas realmente são...acredite.* Honra é a ponte para qualquer época que você deseja. *Honra É A Semente do Acesso.* Oh, meu Amigo Precioso, sempre *escolha o caminho da Honra.* Sempre. Tenho algumas lembranças tristes porque eu negligenciei seguir a Lei da Honra.

Se você tiver *êxito* em sua vida, você poderá relacionar esse sucesso diretamente aos que você escolheu Honrar. Se você *fracassar* em sua vida, pode atribuir isso a uma pessoa que você escolheu desonrar.

Recompense Quem Lhe Honra

Os que o Honram, qualificam-se para um relacionamento diferente. Uma relação mais *próxima.* Um relacionamento mais *favorecido.* Um relacionamento que *cresce.* Um relacionamento de *longo prazo.*

Se eu perguntar a uma mãe diante dos seus 4 filhos: "Quem escolheu lhe honrar mais?" Imediatamente saberei a resposta, por causa do semblante dela. O debate é desnecessário.

Note que eu não lhe perguntei, "Quem você ama mais?" Eu não lhe perguntei, "Quem foi o mais afetuoso?".

Esta é uma pergunta que deve ser feita todos os dias de sua vida. "Quais são as pessoas que me Honram?"

Você protegerá a si mesmo se você for honesto em colocar esta questão também: "Quem me mostrou grande desonra?".

Uma personalidade atraente pode ser incrivelmente enganosa. Mas, a vontade de respeitar a Lei da Honra, evitará mil noites de choro com o coração partido.

Celebre a Diferença de quem exercer o aroma da Honra. Nunca recompense as pessoas de acordo com as suas *necessidades.* Responda às pessoas proporcionalmente à sua *Honra.*

Jesus não costumava ir na casa dos fariseus para apresentar-lhes um seminário. Ele foi na casa de Zaqueu, em razão da Lei da Honra. (Leia Lucas 19:1-9.)

O Bilionário E Sua Governanta

Uma reportagem me fascinou alguns meses atrás, quando um bilionário deixou 5 de dólares para a sua governanta. Se me lembro bem, ele deixou 100 dólares para cada um dos seus filhos, a fim de impedir que eles contestassem o testamento.

Ele deixou toda a herança para a sua governanta. Ah, sim! Honra tenha um *som,* um *aroma...*uma *fragrância...*uma *aura.* Ela dissolve desconforto, atrito e indignidade. A honra cura uma vida de abusos em um único Momento.

Sua amizade é um investimento de ganho ou perda. A verdadeira amizade pode se tornar cara, pois gastará o seu tempo, energia, e até mesmo dinheiro. Portanto, avalie outra vez cada relacionamento em sua vida pela Lei da Honra. Não estude potencial, pois até mesmo Lúcifer *tinha* potencial!

Lúcifer...O Filho da Honra

Três anjos receberam Divina Autoridade, Poder, e

Liderança Territorial...Miguel, Gabriel, e Lúcifer. (Líderes, quando vocês distribuírem tarefas, vocês também devem delegar Autoridade.) O nome original de Lúcifer era "filho da Honra". A Designação de Lucifer era de *recolher* todas as Honras dos anjos e *apresentá-las* a Deus.

Lúcifer observou as muitas Honras que Deus recebia, e *de repente* o orgulho entrou nele. Continua sendo um mistério para mim o fato de que ele se tornou um demônio sem um diabo para influênciar a ele. Um dia, ele disse: "Eu quero essa Honra para mim", então, Deus reagiu instantaneamente. A batalha nem demorou, nem foi travada.

A Bíblia diz que Deus o lançou na terra como um raio. "E disse-lhes: Eu via Satanás, como raio, cair do céu", (Lucas 10:18). "E houve batalha no céu; Miguel e os seus anjos batalhavam contra o dragão, e batalhavam o dragão e os seus anjos Mas não prevaleceram, nem mais o seu lugar se achou nos céus E foi precipitado o grande dragão, a antiga serpente, chamada o Diabo, e Satanás, que engana todo o mundo; ele foi precipitado na terra, e os seus anjos foram lançados com ele", (Apocalipse 12:7-9).

Eu gostaria de abordar a Deus com uma pergunta: "Por que o Senhor não lhe deu uma segunda oportunidade? O que lhe impediria de oferecer misericórdia para alguém que trabalhou por tanto tempo? Você criou as palavras. Você é Mestre em conversação. O Melhor de todos os mestres. Você é Persuasivo. Você poderia ter puxado Lúcifer para o lado e dizer: 'Olá amigo, você está saindo da linha. Volte. Esse território é meu. Eu criei você. Você precisa de um pouco mais de orientação. Talvez o que nós precisamos é passar mais tempo juntos'".

Deus recusou outro minuto de tutoria.

Deus o viu como um louco, indigno de discussão.
Deus nem o achou digno de uma conversa. Por quê?
Desonra *desqualifica.*
Desonra é *contagiosa.*
Desonra *destroi.*
Desonra *expõe* a Falsidade.
Lúcifer *sabia* demais.
Lúcifer *viu* muito.
Lúcifer *recebeu* muito.

Como Reconhecer A Desonra Em Uma Pessoa

Engano É O Berço Para Todo Sofrimento. Lembra-se da história do filho pródigo? O filho escarneceu do ensino e da provisão de seu pai. Ele ainda teve a *inadequada* audácia de pedir algo que ele não merecia.

A Primeira Pista da Desonra É O Pedido de Algo Imerecido. O pai não foi atrás do filho pródigo implorando para ele voltar.

O Que Você Recusar Aprender Com As Pessoas, Aprenderá Através do Sofrimento.

Desonra é uma escolha, uma decisão do *caráter.*

Restauração raramente ocorre após uma decisão de desonrar alguém. Lembre-se de Judas? "Então Judas, o que o traíra, vendo que fora condenado, trouxe, arrependido, as trinta moedas de prata aos príncipes dos sacerdotes e aos anciãos Dizendo: Pequei, traindo o sangue inocente. Eles, porém, disseram: Que nos importa? Isso é contigo E ele, atirando para o templo as moedas de prata, retirou-se e foi-se enforcar", (Mateus 27:3-5).

Desonra não é um defeito de nascença. Desonra é uma decisão de desafiar e desrespeitar a Deus.

A dominante recompensa da Sabedoria é a capacidade de reconhecer quem deve ser honrado. O primeiro mandamento com uma promessa de recompensa é o quinto mandamento que diz: Honre os seus pais. Peça a Deus para lhe mostrar a quem Honrar ...e identifique qualquer pessoa que voluntariamente lhe desonre.

A Honra pode ser ensinada.

Exorto-os a fazer uma campanha de 90 dias para matar as cobras e arrancar as ervas daninhas do seu Jardim. Não deixe nenhuma cobra viva em seu Jardim. *Deixe que os relacionamentos errados morram.* As pessoas erradas nunca saem *voluntariamente.* Assim como Jonas, você tem que jogá-los em direção ao mar em direção à baleia! Leia a história novamente. (Leia Jonas 1:5-17.)

A Lei da Honra.

Casamentos fracassam devido à falta da Honra.

Casamentos não falham por causa da infidelidade. A infidelidade ocorreu porque não havia um *coração de Honra.*

Honra é uma *Decisão.*

Honra é uma *Semente.*

Honra é uma *Lei.*

Identifique o desrespeito. Altere qualquer parte de sua vida em que tenha havido desonra.

Ensine Honra aos que aprendem. Se alguém simplesmente não conhece a Lei da Honra, você pode treiná-los.

Nunca ignore a decisão de um rebelde. Se alguém tem se rebelado contra o seu *exemplo,* o seu *investimento,* e sua *advertência,* entregue-os a Deus.

Observe a reação de Deus contra Efraim. "Efraim está entregue aos ídolos; deixa-o", (Oséias 4:17).

Deus permite que as pessoas tenham o direito de escolher. "Como está escrito: Amei a Jacó, e odiei a Esaú", (Romanos 9:13).

Chaves de Sabedoria Para Serem Lembradas

▶ Honra É A Vontade de Recompensar Alguém Pela Diferença.

▶ Por Sua É A Semente Para Acesso Em Qualquer Ambiente, E Em Todas Qualquer Tempo.

▶ Desonra É A Semente Para A Perda Instantânea.

▶ A Diferença Nas Pessoas É Revelada Por Quem Eles Optaram Honrar.

▶ Sucesso Não É Um Mistério Ou Um Milagre, Mas Simplesmente A Recompensa Por Ter Semeado A Honra.

▶ Honra É A Semente da Longevidade, da Vida Ou dos Relacionamentos.

▶ Quando Eu Sei Quem Você Honra, Eu Possa Predizer Os Acontecimentos de Seu Posso.

▶ Honra É Uma Fragrancia Distinta, Impossível de Fragrância.

▶ Todo Pecado É Um Pecado de Desonra.

▶ A Primeira Prova da Desonra É O Pedido de Algo Pelo Qual Você Não Trabalhou.

▶ Diligência É A Imediato Atenção À Uma Instrução; Imediata Atrasada A Prova de Desobediência.

▶ O Engano É O Berço Para Todo Sofrimento.

▶ A Fragrância da Honra É Tão Distinta Quatro O Cheiro da Desonra.

▶ Honra Cresce Em Todos Os Ambientes E Em Cada Época de Sua Vida.

▶ Honra É A Vontade de Ampliar A Diferença Em Vez da Fraqueza.

≈ 7 ≈

A Lei da Semente

A Semente É O Começo.
A Bíblia é um livro sobre a Lei da Semente.
As Palavras São As Semente das Emoções.
A Misericórdia É A Semente da Mudança.
Honra É A Semente do Accesso.
Gratidão É A Semente de Mais.
O que você estiver agradecido, *irá* aumentar.
Jesus era uma Semente. Pense sobre isso por um Momento. Deus tinha um Filho, mas, Ele queria uma Família. Então, ele plantou Seu Filho no Calvário, para criar Sua Família, Sua Colheita Eterna.

Os profetas entenderam A Lei das Sementes. Elias disse à viúva de Sarepta: "Traga-me um pouco de farinha".

Ela disse: "Eu só tenho o suficiente para mim e meu filho".

Elias não disse: "Estou na casa errada. Eu sinto muito".

Em vez disso, ele olhou para a viúva e começou a pintar o retrato da Colheita em sua Mente. "O que você desenhar para mim será a Semente. Durante este período de fome, nada lhe faltará". (Leia 1 Reis 17:10-16.)

Jesus Estava Falando Sério?

Jesus ensinou a Lei da Semente aos seus discípulos.

Lembra-se de sua conversa com Pedro? Pedro queixou-se a Jesus: "Temos dado tudo para segui-lo". Jesus poderia ter dito: "Certo! Três peixes e um barco". Mas, Ele não o fez. Jesus olhou para ele e disse: "Tudo o que você renunciar por causa de Mim, ser-lhe-á devolvido cem vezes mais". (Leia Marcos 10:28-30.) *Cem vezes.*

Um ministro amigo meu, disse: "Mike, eu não acho que Jesus *quis dizer* cem vezes".

Com humor eu lhe respondi: "Quando você chegar no Céu, você pode fazer um Seminário de Comunicação para ensinar Jesus a falar. Você acha que Ele disse *cem vezes* sem pensar *por um Momento,* com medo de que Pedro saísse do ministério?".

Lembretes Importantes

A Lei da Semente Simplesmente Significa Isto: Algo Que Lhe Foi Dado Irá Criar Qualquer Outra Coisa Que Lhe Foi Prometido.

Prometida haverá um dia em sua vida que você não tenha nada.

Faça o inventário de sua Semente e não de suas *necessidades.*

Nunca estude o que está *faltando* em sua vida.

Estude o que você já *possui.*

Algo Que Lhe Foi Dado Criará Qualquer Outra Coisa Que Lhe Foi Prometido.

Embrulhe *prometida* em torno de sua Semente.

Ebrulhe sua Semente com expectativa.

Um homem me disse anos atrás: "Dr. Murdock, quando eu dou eu não espero *nada* em troca".

Eu respondi: "Eu escrevi uma música para você: *Como tu és burro! Como tu és burro!*".

Minha Conversa Com Oral Roberts

Nunca vou esquecer uma conversa que tive anos atrás com Oral Roberts enquanto dirigíamos ao redor de Tulsa, Oklahoma. Eu tinha trinta anos naquela época. "Dr. Roberts, qual é o maior segredo que você aprendeu no seu ministério?". "Mike, eu acho que ninguém nunca me perguntou isso". Então, ele disse: "Plantar Sementes para obter um resultado desejado. Aprenda a Designar a sua Semente".

O Ex-Marido E A Semente

Aconteceu em Houston, Texas. Eu estava cansado. O culto havia terminado. Uma mulher caminhou até mim depois que eu tinha recebido uma Oferta. Eu tinha dito as pessoas que *escrevessem no cheque o nome* da Colheita que eles precisavam mais.

Ela disse: "Faz 15 anos que o meu ex-marido não envia dinheiro para as crianças".

O meu primeiro pensamento foi: "Eu não acho que ele vai começar agora". Mas, quando eu vi muito entusiasmo e expectativa no rosto dela, eu pensei: "Eu não posso voltar atrás na Palavra do Senhor sobre a Expectativa".

Eu disse corajosamente: "Você colocou o nome dele no cheque?".

Ela respondeu confiantemente: "Sim, eu fiz".

O Milagre dela começou 14 dias mais tarde. Ela recebeu o primeiro cheque de 65.000 dólares para as crianças. Ela tinha dado um Desígnio à sua Semente.

O Marido de 58 dólares!

Aconteceu num Domingo à noite.

Eu estava em Daytona Beach, Flórida, recebendo uma Oferta de Semente de Fé para a obra do Senhor. O Espírito Santo impressionou-me a partilhar o meu testemunho pessoal sobre a Sementes de 58 dólares em Washington, D.C. (O número 58 representa os tipos diferentes de bênçãos que eu tinha contado na Bíblia.)

"Escreva sobre o cheque exatamente onde você quiser ver uma Colheita", eu instruí a todos. "*Fale* com a sua Semente. *Fale* com a sua Semente se você quiser ver uma Colheita. Dê um comando a sua Semente. Dê a sua Semente uma Designação".

Havia um rapaz na plataforma que escreveu no seu cheque: *uma linda mulher.* Havia uma moça no banco de trás da Igreja que escreveu no seu cheque: *um marido devotado.* Eles não se conheciam antes.

Conheceram-se alguns dias mais tarde. Eventualmente, eles se casaram e tiveram vários filhos.

Um dia eu estava na casa deles para uma refeição. Ela disse ironicamente: "Dr. Murdock, diga às pessoas para terem muito cuidado com o que elas escrevem nesses cheques!".

Um Só Momento Pode Decidir A Sua Vida Inteira

Uma refeição com Jesus, e Zaqueu mudou para sempre.

Uma conversa com Elias mudou a viúva.

Uma Semente da Fé pode desencadear uma Colheita eterna.

Tem 8 níveis de semeadura onde eu tenho visto colheitas radicais, instantâneas, e rápidas. A maior e mais rápida Colheita entre todas as Sementes que já plantei, foi uma Semente de 1.000 dólares por qualquer motivo. Eu partilhava isto na televisão em um fervoroso Momento, quando o Espírito de Deus me tocou. Uma unção veio sobre mim no meio do programa de televisão. Eu disse: "Há alguém assistindo que está enfrentando uma ação judicial. *Semeie uma Semente de 1.000 dólares.* Escreva sobre o cheque que você gostaria de ver uma Colheita".

Havia um casal assistindo o programa em Wilmington, Delaware, perto de Filadélfia. Eles estavam a ser processados por 80.000 dólares. Menos de 30 dias depois que plantaram a sua Semente, o processo de 80.000 dólares foi cancelado. Eles receberam um cheque de 40.000 dólares.

Uma Milagre Profundo Em Nova Iorque

Eu estava em uma reunião privada com cerca de 300 dos meus parceiros mais fortes na cidade de Nova York, quando um casal sentado à minha esquerda começou a chorar. Eles eram pastores locais. A mulher levantou-se e disse: "Posso partilhar uma coisa?".

Eu disse: "Claro".

"Assistimos durante anos seu programa pela TV. Alguns meses atrás, você contou como havia superado a pobreza com uma Semente de 1.000 dólares. Algo saltou em nossos corações, e nós decidimos que iríamos pedir emprestado 1.000 dólares de alguém para semear. Dentro de 30 dias, recebemos mais de 100 milhões de dólares para o nosso ministério, e fomos capazes de pagar os 4 milhões de dólares que devíamos na nossa igreja".

O testemunho deles é profundo.

A chave é *direcionar o foco da* a sua Semente.

Alguém me perguntou: "Você se sente feliz pelos 100 milhões de dólares deles?" Bem, meus sentimentos estavam misturados. Eu estava intrigado por que Deus nunca tinha feito isso para mim!

Você Está Distante Uma Semente de Sua Próxima Fase

Minha casa foi paga através de uma Semente. Numa conferência realizada em Chicago, Illinois, um pregador disse: "Quantos de vocês gostariam de estar livre de dívidas?".

Eu ri interiormente. Eu pensei para mim mesmo: *"Há um grande número de pessoas que estão livres de dívidas. Os mendigos estão livres de dívidas. Posso deixá-los livre de dívidas em 30 minutos. Se eles doarem suas casas e carros, estarão livres de dívidas rapidamente".*

O pregador, em seguida, continuou: "Quantos gostariam de ter uma casa totalmente paga? Plante uma Semente igual a um mês do pagamento da hipoteca. Escreva sobre o canto esquerdo do cheque: *casa paga em 12 meses.* Segure o cheque na sua mão esquerda. Bata no cheque três vezes".

Eu sorria interiormente pensando: "Isso parece bruxaria".

Mas, eu sabia que ele era um homem de Deus. Nenhuma dúvida sobre isso. *A Minha Reação A Um Homem de Deus Determina A Reação de Deus A Mim.*

As Instruções de Deus não são necessariamente lógicas. Ele nos deu uma Mente para fazer coisas lógicas. *Se É Possível Compreender Uma Instrução de Deus, Então Não É Uma Instrução de Deus.*

Quando Deus falar com você sobre alguma parede que estiver caindo, Ele poderá dizer: ande ao redor da parede 7 dias seguidos, e 7 vezes no domingo. (Leia Josué 6.) Às vezes, recebemos instruções *loucas* como verificação de nossa fé em Deus e em Sua natureza. *Em 8 meses, minha casa foi paga sobrenaturalmente.* A Lei das Sementes significa que algo que eu *tenho* é a Chave de Ouro para qualquer coisa que eu quero. *Algo Que Me Foi Dado, Desbloqueará Qualquer Coisa Que Me Foi Prometida.* Os Jornais têm me criticado por causa da manifestação de Bênçãos em minha vida. Eles tiraram fotos do meu avião e da minha casa. Eles têm zombado: "Ele ensina que quando você planta uma Semente, você pode esperar uma Colheita". No entanto, eles imprimem de graça as imagens da minha Colheita no jornal. *Não é isto um pouco estranho?*

Durante uma refeição com o Dr. Oral Roberts, O Espírito Santo me disse: "Dê-lhe 25 mil dólares".

Eu pensei: "Eu devo ter interceptado um comunicado. Certamente Deus está dizendo para ele me dar 25 mil dólares".

Naquela época, eu não lembrei das palavras do profeta Ezequiel: *semeie para cima, e as bênçãos descerão.*

"E as primícias de todos os primeiros frutos de tudo, e toda a oblação de tudo, de todas as vossas oblações, serão dos sacerdotes; também as primeiras das vossas massas dareis ao sacerdote, para que faça repousar a bênção sobre a tua casa", (Ezequiel 44:30).

Você Deve Semear Para Cima Para Que As Bênçãos Desçam.

Toda Bênção Tem Uma Causa.

Todas Sementes Tem Um Futuro Diferente.

Finalmente, ao término da refeição eu disse: "Dr. Roberts,

tenho que dirigir até o meu escritório e trazer meu cheque". Levei uma hora e meia para voltar ao hotel onde ele estava hospedado.

Quando ele segurou o cheque na sua mão, ele perguntou: "Qual é a maior necessidade que você tem? Vamos *centrar* essa Semente nessa necessidade".

Isso aconteceu em um domingo à tarde.

Na terça-feira, aconteceu uma explosão de Milagres.

Você Está Distante Uma Semente de Algo Que Está Buscando Fervorosamente.

Poucos dias depois de ter plantado a Semente de 1.000 dólares, um homem me deu 10.000 dólares. E quando eu estava pregando em Nova Orleans, Deus disse: "Eu quero que você plante os 10.000 dólares".

Eu expliquei a Deus que aquela era a minha Colheita porque eu tinha acabado de receber. No entanto, obedeci e plantei naquela mesma noite. Cinco dias depois, recebi uma chamada telefônica de duas das maiores redes de Televisão Cristãs na América. Por anos, tempos atrás, eles me patrocinaram, e aquilo resultou no *lançamento* do meu atual Ministério.

Alguns dias atrás, eu estava com a famosa motivadora e professora, Paula White, e ela disse: "Mike, você sabe como começou este ministério?".

Eu disse: "Não".

Ela disse: "Eu não tinha nada. Ninguém me dava um centavo para o meu ministério. Fui ouvi-lo ensinar uma noite e você disse": "Há alguém aqui que Deus está instruindo a dar tudo o que tem". Ela plantou tudo que tinha naquela noite como Semente para a obra de Deus.

Dentro de 24 horas, uma senhora lhe deu 15 mil dólares.

Ela lançou seu ministério mundial.

Você Está Distante Uma Semente de Tudo Que Você

Quer.
O Que Deus lhe disse para semear?
Qual é a Semente que não foi plantada?
Qual é o medo secreto que está abortando sua Colheita?
Algo Em Suas Mãos, Está Controlando O Seu Futuro.

Minha Oração Para Que Você Receba 3 Colheitas

1. **Vinte E Quatro Meses de Autoridade Financeira.**
Autoridade Financeira é diferente de uma Bênção Financeira.
Uma bênção é uma *experiência.*
Um Milagre tem um *fim.*
Unção é um movimento com um propósito.
Autoridade é uma posição de controle e influência.
Entremos em um acordo...
...Nos próximos 24 meses, você será a Autoridade Financeira em todos os ambientes que você entrar. Tudo tem que se dobrar diante da unção que está no seu interior.
Você experimentará 24 meses de Autoridade Financeira nunca vista.
Deus lhe dará *Ideias* na área *Financeira.*
Deus lhe dará *Bênçãos* na área *Financeira.*
Deus lhe dará uma *Unção Financeira.*
Deus lhe dará uma *Autoridade Financeira.*
Você será um ímã ambulante de Favor Financeiro.
Você está distante uma pessoa do seu Futuro.
Não é sobre *quantas* pessoas gostam de você.
É sobre *quem* gosta de você.

José não precisou que todas as pessoas do Egito olhassem para ele. Ele só precisou de Faraó dizer: "Eu gosto de você".

"E esta palavra foi boa aos olhos de Faraó, e aos olhos de todos os seus servos. E disse Faraó a seus servos: Acharíamos um homem como este em quem haja o espírito de Deus? Depois disse Faraó a José: Pois que Deus te fez saber tudo isto, ninguém há tão entendido e sábio como tu. Tu estarás sobre a minha casa, e por tua boca se governará todo o meu povo, somente no trono eu serei maior que tu. Disse mais Faraó a José: Vês aqui te tenho posto sobre toda a terra do Egito. E o fez subir no segundo carro que tinha, e clamavam diante dele: Ajoelhai. Assim o pôs sobre toda a terra do Egito. E disse Faraó a José: Eu sou Faraó; porém sem ti ninguém levantará a sua mão ou o seu pé em toda a terra do Egito. E Faraó chamou a José de Zafenate-Panéia, e deu-lhe por mulher a Azenate, filha de Potífera, sacerdote de Om; e saiu José por toda a terra do Egito", (Gênesis 41:37-45).

Não foi preciso que todos gostassem de Ester. A única pessoa cuja opinião importava era a do rei...e ele gostava dela. "E o rei amou Ester sobretudo as mulheres, e ela obteve graça e favor, em sua visão mais do que todas as virgens, para que ele colocou a coroa real sobre a sua cabeça, e fez a sua rainha, em vez de Vashti", (Ester 2:17).

Diga isto em voz alta: "Eu sou um recipiente de Autoridade Financeira. Eu vou dominar a Lei da Colheita. Eu vou dominar a Lei do Recebimento".

2. Será Restituído Sete Vezes Mais Tudo Quanto Satanás Roubou de Você. Deus irá restaurar coisas que você nem sabia que havia perdido. Pode ser por meio de um seguro, uma herança, um investimento que pareceu ter falhado, ou por intermédio do governo.

Espere um retorno sete vezes maior. "E se for achado pagará o tanto sete vezes; terá de dar todos os bens da sua casa", (Provérbios 6:31). *Entre em Acordo comigo.* Eu decidi entrar neste Acordo que satanás retornará para você, sete vezes mais de tudo o que ele roubou de você: alegria, saúde, relacionamentos, ou favor. Oro por um retorno sete vezes maior, e não apenas sobre as suas finanças, mas sobre tudo que satanás tem roubado de você, até mesmo a sua *credibilidade* e *reputação.* Fique na expectativa da Restauração de tudo que foi retido de sua vida.

3. Favor Com Um Boaz Financeiro.

O Favor é dinheiro em qualquer lugar da Terra. O Favor abre portas incríveis. O Favor acelera a sua chegada naquele lugar desejado. Favor traz a comemoração de sua Diferença.

Um Dia de Favor Vale Mais do Que Mil Dias de Labor. Você não pode trabalhar duro o suficiente para obter tudo o que você deseja. Você precisará de Favor em sua vida.

José Só Precisou do Favor de Uma Pessoa. "Tu estarás sobre a minha casa, e por tua boca se governará todo o meu povo, somente no trono eu serei maior que tu. Disse mais Faraó a José: Vês aqui te tenho posto sobre toda a terra do Egito", (Gênesis 41:40-41).

Rute Só Precisou do Favor de Um Homem Para Mudar Seu Mundo.

"E disse ela: Ache eu graça em teus olhos, senhor meu, pois me consolaste, e falaste ao coração da tua serva, não sendo eu ainda como uma das tuas criadas. E, sendo já hora de comer, disse-lhe Boaz: Achega-te aqui, e come do pão, e molha o teu bocado no vinagre. E ela se assentou ao lado dos segadores, e ele lhe deu do trigo tostado, e comeu, e se fartou, e ainda lhe sobejou. E, levantando-se ela a colher, Boaz deu ordem aos seus moços, dizendo: Até entre as gavelas deixai-a colher, e não a censureis deixai cair alguns punhados, e deixai-os ficar, para que os colha, e não a repreendais. E esteve ela apanhando naquele campo até à tarde; e debulhou o que apanhou, e foi quase um efa de cevada", (Rute 2:13-17).

Agarre-se no Favor como ele fosse um casaco. Enrole-o em torno de si mesmo. Não deixe-o ir. Decida ser *transportador* do Favor Divino.

Decida...*atrair* o Favor.

Decida...*semear* o Favor.

Decida...*colher* o Favor.

Declare que você é um *ímã* ambulante de Favor. Diga estas palavras: "Eu *atraio* Favor. Eu *declaro* Favor. Eu *falo* do Favor. Eu *ando* em Favor".

Explicação da Unção de Boaz

Aconteceu no Anatole Hotel em Dallas, Texas.

Eu estava orando por aqueles que haviam plantado uma Oferta de Semente de Fé na obra do Senhor. Enquanto eu estava em frente de uma mulher, Deus disse: "Diga que eu vou dar para ela uma *Unção de Boaz*".

Eu nunca tinha ouvido falar de tal coisa. Então, enquanto todos estavam orando, eu perguntei ao Senhor, "Que quer dizer com uma *Unção de Boaz?*".

Ele começou a descrever sobre Rute. Ela valorizou tanto a Unção...a Diferença de Boaz...que realmente, tudo o que ele possuía entrou na vida dela. Ela deu à luz a Obede, que foi o pai de Jessé, que foi o pai de Davi, que foi o pai de Salomão, que iniciou a linhagem de Jesus.

O Espírito Santo inspirou-me a orar: "Porque você

honrou e respeitou a Unção deste ministério sobre a Sabedoria Divina e Prosperidade Financeira, eu concordo que você receberá esta mesma bênção sobre a sua vida. De acordo com a sua fé, Deus lhe dará os mesmos Milagres e experiências que eu receber. Em Nome de Jesus, eu decreto assim".

Bem, isso é um pouco corajoso. E certamente precisei de um toque especial do Senhor para entrar nesse tipo de comunhão especial com pessoas que eu nem conhecia. Eu simplesmente sabia que a Semente deles eram como uma conversa nos céus, e era a prova de uma Fé incomum na Parceria com Deus.

Isso foi o início. Comecei a orar para que outras pessoas recebessem a Unção de Boaz: *cada vez que Deus me abençoasse, Ele iria abençoá-los.* Cada vez que Deus me desse um jato, Ele os abençoaria com um jato. Cada vez Deus me desse um carro, Ele os abençoaria com um carro.

Algo aconteceu em diferentes níveis de fé, que é inexplicável, mas muito glorioso. Significativamente e inesquecivelmente, Colheitas têm explodido na minha vida em 8 níveis diferentes de semeadura.

Para mim, a Semente de 1.000 dólares sempre produziu a Colheita mais rápida. Se Deus lhe falar para você plantar uma Semente de 1.000 dólares, seja rápido para Lhe obedecer. Evite negociações, e atrasos. Só um tolo negociaria com um doador. (A propósito, há muitos outros ministérios maravilhosos onde você pode plantar as suas Sementes.)

Eu não sei onde está a Semente de 1.000 dólares. Pode estar guardada em sua casa; talvez na poupança ou em uma outra conta para o seu futuro. Talvez você tenha dinheiro reservado para uma viagem para Israel ou para suas férias. Você pode ter separado finanças para comprar outro carro ou pagar o financiamento de sua casa.

Mas, uma coisa eu sei, a Unção sobre a Semente de 1.000 dólares é explosiva e como nenhuma outra Semente que você já plantou. *Você nunca irá lamentar. Nunca.*

Sua Semente Pode Ir Aonde Você Não Pode. Sua Semente trará de volta a escuridão espiritual que tem rodeado a sua vida. Você pode não ser chamado a viajar de avião, dormir em pequenos quartos de hotel e viajar pelos 4 cantos da terra. Mas, você pode ser um daqueles que segura a escada e ajuda a puxar a rede daqueles que são chamados a ir e libertar os que estão em cativeiro.

Sente-se agora e tome uma decisão de concentrar a sua Semente de 1.000 dólares em Divina Parceria com Deus. Tudo que você tem, de qualquer maneira veio Dele. Ele lhe deu Sementes para plantar e não para mesquinhar. *O Que Você Guarda É A Sua Colheita; O Que Você Planta É A Sua Semente.*

Torne-a uma Semente de *Salvação.*

Faça-a uma Semente para *Missões.*

Torne-a uma Semente de *Evangelismo.*

Faça-a uma Semente de *Parceria.*

Torne-a uma Semenete de *Jesus.*

Esta Semente de 1.000 dólares fará com que milhões de pessoas ouçam o nome de Jesus. Para o resto de sua vida, você pode saber que a sua Semente de 1.000 dólares levou O Evangelho para as nações da terra.

Ir ao mundo todo e pregar O Evangelho não é o meu único foco. Quero ver estas 3 Colheitas na sua vida. Senti nestas últimas semanas, que os próximos 24 meses serão de muita bênção financeira para a família de Deus.

Você está entrando num Paraíso de Investimento.
Você está entrando num Mundo de Favor.
Egipcios experimentará julgamento como os
egipcios experimentaram em Êxodo. *Mas não em sua casa.*
Deus usa os problemas entre os egipcios no palácio
para convocar os Josés que estão na prisão.
*José Não Tinha Um Futuro Até Que O Rei Teve Um
Problema. A Crise Mundial É Uma Gloriosa Incubadora
Para A Promoção da Família de Deus.*

Minha Oração Pela Sua Semente de 1.000 Dólares, E A Unção de Boaz

Por favor ore em voz alta comigo:
"Espírito Santo, peço os melhores 24 meses de
Colheita que jamais tivemos antes. Teremos Favor.
Teremos um retorno de sete vezes mais de tudo que
satanás roubou. Teremos casas pagas. Teremos salvação
em nossa família. Inesperadamente nossos filhos virão à
Ti e serão livres de drogas e álcool. Vamos a ver a Tua
Glória. Eu Peço uma Unção de Boaz".
"Faça o meu Precioso Amigo saber que 1.000 dólares
não é suficiente para guardar. Mil dólares não vai
comprar uma casa. Mil dólares não vai comprar um
carro. Há muito pouco que possamos fazer com 1.000
dólares. Mas, se colocarmos esse dinheiro em Sua mão,
Ele abençoará essa Semente".
"Damos a esta Semente uma Designação. Apelamos,
não somente pedimos a salvação das pessoas na Nigéria
e no Brasil, mas nós chamamos a salvação de cada
membro da nossa família. *O que nós fazemos acontecer
aos outros, Tu farás acontecerá para nós. O que nós*

fazemos acontecer para um homem de Deus, Tu farás acontecer para nós".

"Pai, eu Lhe peço que faça algo incrivelmente maravilhoso em 8 dias para os Parceiros Preciosos que semearem esta Semente. Eu decreto em Nome de Jesus".

Levante a mão para Deus e diga: "Deus, faça algo glorioso como a primeira parte da minha Colheita. Que esta Semente de 1.000 dólares seja a Semente do meu Ponto de Virada".

A Bênção de Toda Vida

Há tempos atrás, Dr. Myles Monroe me lembrou de uma jovem de sua igreja. Eu tinha dado o meu testemunho no Diplomat Center nas Bahamas de como Deus tinha me dado uma bênção de toda vida de uma semente de 8.500 dólares. Eles haviam caminhado até mim e disseram: "Queremos que Deus nos dê um rendimento ao longo da vida".

Foi o que aconteceu 21 dias depois. Eles obtiveram um lucro de 17 milhões de dólares *em uma transação na Internet.*

Eu estava na Costa Rica, há algumas semanas e, enquanto eu estava dando o meu testemunho, um homem e sua mulher caminhou até a frente. Um pastor atrás de mim disse: "Deixe-os avançar. Eles são de confiança".

O homem começou a dar o seu testemunho.

"Dois anos atrás, minha empresa estava falida. Eu tinha que fechar meus negócios. Mike Murdock chegou à Costa Rica, e ele me ungiu para Deus me abençoar".

Eu pedi a Deus para levantar 300 milionários em nosso ministério. Temos 20 até agora.

Ele continuou: "Eu queria ser um milionário. Eu

estava sem dinheiro e indo a falência. Quando Mike Murdock me ungiu com óleo, Deus me deu 5 empresas. Eu vendi a primeira por 160 milhões de dólares. Estou vendendo as outras 4 porque eu decidi ser um pregador. Eu não preciso de mais dinheiro. Estou começando uma igreja dos 160 milhões de dólares do meu primeiro negócio".

Deus disse: "...semente ao semeador, e pão ao que come", (Isaías 55:10). "Ora, aquele que dá a semente ao que semeia, também vos dê pão para comer, e multiplique a vossa sementeira, e aumente os frutos da vossa justiça", (2 Coríntios 9:10).

Eu não considero um milhão de dólares muito dinheiro. Quando Deus começa a sonhar através de você, um milhão é o começo.

Eu nunca ouvi falar de um outro ministério orando por alguém para receber uma Bênção de Toda Vida. Isto é algo que Deus fez por mim em um domingo à noite em Columbus, Ohio. Eu só tinha 8.500 dólares no meu nome.

Deus disse: "Você gostaria de explorar e experimentar o que eu poderia fazer com o seu 8.500 dólares?".

Seis semanas mais tarde, às 7 horas e 15 minutos, numa terça-feira, no Hotel Hyatt Regency em Houston, Texas, Deus me deu uma ideia que correu ao redor do mundo. Deus me abençoou muito mais do que eu sonhei ou imaginei, através de uma só Semente de 8.500 dólares.

Alguém me perguntou uma vez: "O que fez você plantar uma Semente tão grande?".

Eu disse: *"Aquela Sementes não era tão grande quanto o meu sonho. Meu sonho é muito maior do que 8.500 dólares".*

Se Deus está falando com você sobre a Semente de 8.500 dólares, deixe-me encorajá-lo a nunca negociar com um Doador. Deus vai lhe dar mais do que você jamais sonhou. Eu paguei em dinheiro por um Rolls Royce por causa da semente de 8.500 dólares. Eu fui capaz de construir um ginásio em minha casa daquela Semente de 8.500 dólares. Eu olho para trás e lembro de como eu realmente lutei *mentalmente* para não dar essa Semente, mas Deus estava me dando uma *Oportunidade.*

A melhor coisa que você pode dar a alguém é uma Oportunidade para embrulhar sua fé em torno de uma Semente.

Minha Oração Sobre A Sua Semente de Bênção de Toda Vida de 8.500 Dólares

"Senhor, eu não sei do passado deles. Não sei o que eles estão enfrentando, mas eu santifico esta Semente de Missão de 8.500 dólares como o início dos mais gloriosos dias de suas vidas. Peço por ondas após a ondas de bênção antes do fim deste ano".

"Vamos ver o meu Parceiro Precioso ter prosperidade em seus investimentos e restauração de dinheiro que eles pensavam que tinham perdido".

"Eu falo para esta Semente de 8.500 dólares para O Evangelho como o início da maior temporada de sua vida. Não é que não estamos necessitados de 8.500 dólares, é que também precisamos muitos mais desta Colheita. Pode ser dinheiro reservado para a sua aposentadoria ou para a compra de uma casa de férias ou para o aluguel de uma propriedade".

"Use esta Semente para *silenciar* todos os Absalãos em seus negócios; Todos os Judas nos seus relacionamentos. Use esta Semente para *silenciar* a voz de cada adversário. Esta vai ser a Semente que *destruirá* a voz do Golias em sua vida. Eu santifico no Nome de Jesus. Amém".

Meu Pensamento Final Para Você

Minha vida é uma coleção de Milagres. O Espírito Santo me transformou para sempre, em um encontro dramático no dia 13 de Julho de 1994. A Voz de Deus é a Voz mais importante de sua vida. Ele é a fonte de sua sabedoria e de todas as coisas boas que você deseja. Estabeleça um local e hora em que você possa se encontrar com Ele todas as manhãs. Fique atento aos Seus sussurros pois Ele nunca grita. Ande em Obediência total, dando os seus Dízimos e Ofertas como Sementes, e fique na expectativa de uma colheita grande. Evite a todo custo a contenda. Seja agradecido. Derrame Sementes de Honra e Integridade no seu ambiente. Abrace cada Lei de Deus com a Expectativa de uma Recompensa. Espere que a sua Parceria Financeira com Deus traga bênçãos traga no nome de Jesus. Estou ansioso por ouvir de você e o que este livro significou em sua vida. Ao escrever-me, peça de graça uma cópia da minha revista: *The Wisdom Digest*. Você pode assistir ao meu programa Diário de Sabedoria pelo meu site: www.WisdomOnline.com. Eu apreciarei conhecê-lo pessoalmente em uma de nossas conferências aqui no Centro de Sabedoria.

Sempre Buscando A Sabedoria de Deus,

Mike Murdock

Chaves de Sabedoria de Mike Murdock Neste Livro

1. A Batalha É A Semente da Possesão E da Ordem Territorial.
2. A Desonra É A Semente da Instantânea Derrota.
3. A Diferença Entre As Pessoas É Revelada Em Quem Elas Optaram Honrar.
4. A Época Em Que A Guerra Começa, Revela A Importância do Evento Que Está Se Aproximando.
5. A Fragrância da Honra É Tão Distinta Como O Odor da Desonra.
6. A Memória Repete O Passado, E A Imaginação Projeta O Futuro.
7. A Minha Reação A Um Homem de Deus Determina A Reação de Deus Para Comigo.
8. A Primeira Pista da Desonra É A Ousadia Em Pedir Algo Que Você Não Está Disposto A Trabalhar Para Ganhar.
9. A Prova da Humildade É A Vontade de Fazer Perguntas.
10. A Semelhança Cria O Conforto.
11. A Semente É O Começo.
12. A Semente Pode Ir Aonde Você Não Pode.
13. A Sua Diferença Decide A Sua Importância.
14. A Sua Diferença Cria A Sua Recompensa.
15. A Sua Ignorância É A Única Arma Que Satanás Possui.
16. A Sua Missão É Sempre O Problema Que Deus Deu Para Você Resolver Para Os Outros.
17. Algo Dentro de Você Não Pode Ser Encontrado Em Outra Pessoa.
18. Algo Que Está Em Suas Mãos Controla O Seu Futuro.

19. *Algo Que Lhe Foi Dado Criará Qualquer Coisa Que Lhe Foi Prometida.*
20. *Algo Que Me Foi Dado, Desbloqueará Qualquer Coisa Que Me Tem Sido Prometida.*
21. *Algo Que Você Não Está Vendo Lhe Custará Caro.*
22. *Algo Que Você Precisa Pode Estar Oculto Em Alguém Que Você Não Gosta.*
23. *As Conversas Criam As Temporadas.*
24. *As Palavras São As Semente dos Sentimentos.*
25. *As Palavras São As Sementes das Mudanças.*
26. *Conhecimento É A Semente da Mudança.*
27. *Diligência É A Imediata Atenção Para Uma Instrução; Obediência Atrasada É A Prova da Desonra.*
28. *Engano É O Berço de Todo Sofrimento.*
29. *Este É O Significado da Lei da Semente: Algo Que Você Lhe Foi Dado Criará Qualquer Coisa Que Lhe Foi Prometida.*
30. *Existem Duas Maneiras de Se Obter Sabedoria: Erros E Mentores.*
31. *Gratidão É A Semente Para Mais.*
32. *Honra Cresce Em Qualquer Ambiente E Em Qualquer Temporada de Sua Vida.*
33. *Honra É A Disposição de Ampliar A Diferença do Outro Em Vez da Fraqueza Dele.*
34. *Honra É A Semente da Longevidade, da Vida E dos Relacionamentos.*
35. *Honra É A Semente do Acesso Em Qualquer Ambiente E Em Qualquer Estação.*
36. *Honra É A Semente do Acesso.*
37. *Honra É O Desejo de Recompensar Alguém Pela Sua Diferença.*
38. *Honra É Uma Fragrância Distinta Impossível de Ser Disfarçada.*

39. *Humildade É O Reconhecimento do Que Você Não Tem.*
40. *José Não Teve Um Futuro Até Que O Rei Tivesse Um Problema.*
41. *José Só Precisou do Favor de Uma Pessoa.*
42. *Misericórdia É A Semente da Mudança.*
43. *Mudanças São Proporcionais Ao Conhecimento.*
44. *O Autorretrato Determina A Auto-conduta.*
45. *O Que Você Guardar É A Sua Colheita; O Que Você Plantar É A Sua Semente.*
46. *O Sucesso Não É Um Mistério, Nem É Um Milagre, Mas Simplesmente Uma Recompensa Por Semear Honra.*
47. *Os Gigantes Não São Sinais da Sua Saída do Egito; Os Gigantes Provam Que Você Está Entrando Em Canaã.*
48. *Parasitas Querem O Que Está Em Sua Mão; Discípulos Querem O Que Está Em Seu Coração.*
49. *Pedir É A Prova da Humildade.*
50. *Pedir É A Semente de Receber.*
51. *Pedir É A Única Prova da Verdadeira Fé.*
52. *Quando Deus Quer Lhe Abençoar, Ele Traz Uma Pessoa Em Sua Vida.*
53. *Quando Eu Sei Quem Você Honra, Eu Posso Predizer Os Eventos do Seu Futuro.*
54. *Rute Só Precisou do Favor de Um Homem Para Que O Seu Mundo Mudasse.*
55. *Sabedoria É A Habilidade de Reconhecer As Diferenças.*
56. *Se Você Puder Compreender Uma Instrução Divina, Então Aquela Não É Uma Instrução Divina.*
57. *Toda Batalha É Uma Batalha Na Mente.*
58. *Toda Bênção Tem Uma Causa.*

59. *Toda Perda É A Semente da Restauração.*
60. *Toda Semente Tem Um Futuro Diferente.*
61. *Todo Pecado É Um Pecado de Desonra.*
62. *Todo Problema É Sempre Um Problema de Sabedoria.*
63. *Todo Problema É Um Convite Para Um Relacionamento.*
64. *Tudo Que Não É Protegido Será Roubado.*
65. *Tudo Que Você Quer Está Em Algum Lugar.*
66. *Um Dia de Favor Vale Mais do Que Mil Dias de Trabalho.*
67. *Vá Aonde Você É Celebrado, E Não Aonde Você É Tolerado.*
68. *Você Está Distante Uma Semente de Algo Que Você Tem Buscado Fervorosamente.*
69. *Você Está Há Uma Semente de Tudo Que Você Quer.*
70. *Você Sempre Age Como A Pessoa Que Você Pensa Que É.*
71. *Você Só Pode Reproduzir O Que Você É.*
72. *Você Tem Que Semear Para Cima Para Que As Bênçãos Desçam.*

DECISÃO

Você Quer Aceitar A Jesus Como O Salvador da Sua Vida?

A Bíblia diz: "Se, com a tua boca, confessares ao Senhor Jesus e, em teu coração, creres que Deus o ressuscitou dos mortos, serás salvo", (Romanos 10:9).

Repita a seguinte oração com toda sinceridade:

"Querido Jesus, eu acredito que morrestes por mim no Calvério e que ressuscitastes ao terceiro dia. Eu confesso que sou um pecador e que preciso do Teu amor e perdão. Entra no meu coração, Jesus! Perdõe os meus pecados! Eu quero receber a Tua vida eterna. Confirme o Teu amor por mim com o derramar da Tua paz, felicidade e o amor sobrenatural para com os outros. Amém".

DR. MIKE MURDOCK

é tremendamente solicitado nos Estados Unidos, como um dos oradores mais dinâmicos do nosso tempo. Mais de 17.000 pessoas em 100 países assistiram às suas Conferências e Reuniões. Mike Murdock recebe centenas de convites de igrejas, colégios e corporações de negócios. Ele é um autor notório com mais de 300 livros escritos, inclusive os best-sellers: *Os Segredos da Liderança de Jesus* e *Os Segredos do Homem Mais Rico do Mundo*. Milhares assistem o seu programa de televisão semanal, Chaves de Sabedoria com Mike Murdock. Muitos freqüentam as Escolas de Sabedoria que ele apresenta nas cidades mais importantes dos Estados Unidos.

Détachez & Postez

❑ Sim, Mike, hoje eu fiz uma decisão para aceitar a Cristo como o meu Salvador pessoal. Por favor, me envie o presente do seu livro "31 Chaves Para Um Novo Começo", para ajudar com a minha vida nova em Cristo.

NOME	DATA DE NASCIMENTO

ENDEREÇO	CIDADE	CÓDIGO POSTAL

PAÍS

TELEFONE	EMAIL

Envie pelo correio o formulário completo para o seguinte endereço:
Centro de Sabedoria • 4051 Denton Hwy. • Ft. Worth, TX 76117
Telefone: 1-817-759-0300

Você Amará A Nossa Website..! www.WisdomOnline.com

Do Escritório de
MIKE MURDOCK

Meu Parceiro Precioso...

Como posso pôr em palavras o que eu sinto ao escrever esta carta? Nossas palavras são tão importantes!

Deus governa Seu mundo com a boca. Tudo que Ele faz ...Ele faz com palavras. Ele ama tanto as palavras, que se chamou de Palavra.

As Palavras São As Semente...das Emoções.

As Palavras São As Semente...das Mudanças.

Você pode criar qualquer mudança com a sua boca.

As Conversas Iniciam As Temporadas Novas.

Lembre-se disto continuamente: Deus quer te dar um Sucesso ininterrupto e implacável.

E...eu quero fazer tudo o que puder para ajudá-lo a alcançar este Sucesso na sua vida.

É por isso que eu escrevi este livro.

Aqui estão 4 Lembretes Importantes para você:

1.   Envie-nos o seu pedido especial de oração. Eu e a minha Equipe de Oração cremos que a Oração do Acordo é imparável (Mateus 18:18-19).

2.   Veja o meu programa semanal de televisão...

Leia A Próxima Página →

"Chaves de Sabedoria com Mike Murdock". (Também disponível no meu site...**www.Wisdomonline.com**). Diga a seus amigos como isto está mudando a sua vida.

3.   Permaneça em contato com o meu ministério, visitando meu site...**www.Wisdomonline.com**...e enquanto estiver lá, confira estas oportunidades:

a.   Registre-se para assistir a uma de nossas conferências ou eventos especiais aqui no Cen Sabedoria em Fort Worth, Texas.

b.   Assista o meu vídeo: **Sabedoria-de-Cada-Dia.**

c.   Junte-se à **Chave de Sabedoria 3000.**

d.   Aproveite os nossos **Downloads Gratuitos.**

e.   Assista os nossos Serviços ao **VIVO.**

f.   Compre meus livros e CDs em nossa livraria Online.

4.   Por favor, assista ao meu novo programa de TV às 10:30 da noite (horário central), diariamente no "Word Network".

Desejo Milagres Incomuns e muito Sucesso na sua vida!

Seu Fiel Parceiro de Oração,

Mike

P.S. Você amará meu livro novo, 1,001 Chaves de Sabedoria do Mike Murdock (PB-293). Este livro poderoso está Repleto de Respostas às incontáveis Perguntas que estão dentro de cada um de nós. Lembre-se

Livro/PB-293

de solicitar a sua cópia do meu livro, quando você plantar a sua Semente de 58.000 dólares, para o nosso Ministério de Televisão. A sua preciosa Semente está nos ajudando a proclamar O Evangélio ao redor do mundo!